DE LA SÉANCE

DU 15 JANVIER 1820,

ET DE L'INFLUENCE

QUE PEUVENT AVOIR

LES PROJETS DU MINISTÈRE

SUR LES DESTINÉES DE L'ÉTAT.

ON TROUVE A LA MÊME ADRESSE :

Réflexions soumises au Roi et aux Chambres, sur le moment présent ; par le même auteur. Prix, 75 cent.

DE LA SÉANCE

DU 15 JANVIER 1820,

ET DE L'INFLUENCE

QUE PEUVENT AVOIR

LES PROJETS DU MINISTÈRE

SUR LES DESTINÉES DE L'ÉTAT;

PAR M. KÉRATRY,

DÉPUTÉ DU FINISTÈRE.

PARIS.

A LA LIBRAIRIE CONSTITUTIONNELLE

DE BAUDOUIN FRÈRES,

RUE DE VAUGIRARD, N° 36.

20 JANVIER 1820.

DE LA SÉANCE

DU 15 JANVIER 1820,

ET DE L'INFLUENCE QUE PEUVENT AVOIR

LES PROJETS DU MINISTÈRE

SUR LES DESTINÉES DE L'ÉTAT.

CHAPITRE PREMIER.

Motifs de cet Écrit.

Le ministère a déclaré qu'il persiste dans ses projets d'innovation, ses journaux le répètent; le moment critique approche; nous désirons l'éloigner, l'écarter même sans retour, parce que nous croyons qu'il n'arriverait pas sans péril; parce que nous pensons qu'il serait, pour le moins, imprudent d'appeler à délibérer sur certains objets, une Chambre liée par son mandat, juge et partie, divisée d'intérêts, mais non dans la proportion de ceux qu'elle représente; condamnée à frapper de mort politique l'une des moitiés dont elle se compose, et réduite à ne porter ce coup sur elle-même (1), dans cer-

---

(1) Il est évident que le changement projeté dans la loi des élections tend à exclure, autant que possible, les membres de la gauche; et c'est ce que l'on veut dire ici. Aussi, dans cette affaire, chaque côté de la Chambre combat pour ses foyers.

tain cas, sans ébranler peut-être les bases du pouvoir par suite d'un mouvement inévitable dans l'immense majorité de la population française. Si un succès des plans du ministère est possible, tel nous semblerait devoir en être l'effet, et tel est aussi le motif de ce nouvel écrit. Ce motif n'est que trop bien fondé. L'accueil dont le public a honoré nos premières *réflexions*, nous engage à lui offrir celles-ci, tandis qu'elles peuvent encore tirer quelque poids du caractère que nous devons à la confiance de nos concitoyens. Que ne vous faites-vous entendre à la tribune de la Chambre où vous siégez? dira quelque lecteur. Nous lui répondrons, qu'il est différentes manières de servir la patrie, suivant les divers talens; que celle-ci n'en repousse aucune, quand les intentions sont droites; qu'habitués à penser la plume à la main, nous ne nous croyons pas susceptibles d'apporter, dans les discussions improvisées, cette promptitude et cet enchaînement d'aperçus qui donnent tant d'éclat à la vérité, mais sans lesquels la diction languit et reste impuissante. Avec ce sentiment de notre infériorité, il est naturel que, cédant la place à d'autres plus heureux ou plus habiles, nous usions des moyens dans l'emploi desquels le public a bien voulu nous accompagner de son indulgence. D'ailleurs, si nos paroles sont la fidèle expression de ces idées dont se compose aujourd'hui la richesse morale des peuples, si elles rendent les sentimens qui échauffent les cœurs français, elles rentreront plus fortes dans la Chambre à laquelle nous avons l'honneur d'appartenir. La tribune elle-même les réclamera; ou plutôt elles marcheront devant l'orateur, pour lui frayer la route de la conviction. Nous n'aspirons point à d'autre succès : c'est encore beaucoup pour l'amour-propre de celui qui se tairait, si son devoir ne lui prescrivait de se faire entendre dans une de nos plus grandes questions d'intérêt national.

Il nous a toujours semblé que le public, non sans motifs plausibles, désirait quelques données sur les vues personnelles de ceux qui ont la hardiesse de l'entretenir. En peu de mots, pour ce qui nous concerne, nous allons le satisfaire. Dans un moment où les amis des Bourbons laissent entendre, avec aussi peu de motifs que d'adresse, qu'il existe des projets de déplacement de l'autorité, nous annonçons notre résolution formelle de ne participer à aucun gouvernement qui émane d'une autre source. Il y a quatre mois qu'une telle déclaration n'eût été que ridicule ; et, par l'imprudence de certains esprits novateurs, nous sommes réduits à gémir aujourd'hui sur le degré d'importance qu'elle peut communiquer à cet écrit.

CHAPITRE II.

De la Séance du 15 janvier 1819.

Dix-neuf mille Français ont demandé le maintien de la Charte et de la loi des élections, qui en est, à bien dire, la vie. Presque tous se sont énoncés, dans leurs vœux, avec ce ton de décence qui doit accompagner le bon droit, et qui en est la meilleure expression; quelques-uns ont eu recours à des termes impératifs ou peu mesurés. Nous blâmons ceux-ci; nous ne leur chercherons seulement pas des excuses, quoique ce qui a transpiré des projets du ministère dût naturellement alarmer des citoyens, pour la première fois en possession de se nommer des mandataires dans lesquels ils eussent confiance, et menacés de voir passer ce droit entre les mains de ceux-là même dont ils ont le plus à se plaindre. Il me semble qu'une supplique souscrite par les principaux négocians, propriétaires et électeurs d'un grand nombre de départemens, méritait de fixer les regards d'une Chambre composée de Français qui naguères marchaient de pair avec ces mêmes électeurs, négocians et propriétaires? Élus du peuple, ce n'est pas à nous de méconnaître notre origine; écouter ceux qui demandent qu'on respecte le titre de notre création, ce n'est pas déroger; renvoyer au plus sérieux examen du gouvernement un tel vœu, n'eût été que remplir un devoir.

Que voulaient ces dix-neuf mille hommes qui, dans l'état présent de notre société, en présentent à la pensée au moins un million? Trouvaient-ils leur part trop faible dans les distributions du pacte constitutionnel? Venaient-ils demander qu'on la fît meilleure? Réclamaient-ils contre les impôts? Attaquaient-ils quelque prérogative du trône? Menaçaient-ils nos lois civiles ou criminelles? Aspiraient-ils à les changer ou à les abroger? Non. Ils ne prétendaient que conserver ce qui est, ce qui a été promis, ce qui a été juré par les bouches les plus augustes de France! Et c'est dans cet état de choses qu'il s'est rencontré une commission, où ces modestes et légitimes désirs ont pris une couleur *factieuse!* Étrange renversement des idées, qui amène à sa suite la confusion même des paroles! Le citoyen qui chérit ses lois n'est plus qu'un séditieux, et la langue du peuple le plus loyal de la terre est toute étonnée de prêter des formes à de pareilles absurdités. Organe de cette commission, M. Mestadier a laissé bien loin derrière lui le patriarche des poëtes : Homère veut que les prières soient boiteuses, et l'honorable rapporteur les a faites culs-de-jatte. En dépit de ses efforts, j'ose le prédire, elles atteindront cependant leur but. Si la porte des ministres leur est fermée, elles arriveront au pied du trône, toutes mutilées, toutes froissées dans leur route, mais pleines de confiance dans la bonté de celui qui, tenant le sceptre de Louis XII, ne sera jamais insensible aux cris de son peuple.

Ces pétitions offrent une particularité bien notable : je ne m'étonnerai pas de n'y voir figurer que très-peu de fonctionnaires à appointemens. Le silence du plus grand nombre trouve son excuse dans leur position même, et dès-lors est susceptible d'une interprétation positive ou négative. Placé entre le pain de sa famille et un cri de franchise à émettre, l'honnête homme gémit et souvent se tait. Malheur à celui qui demanderait davantage! Pour exiger des vertus surnaturelles de son semblable, il faut être un charlatan ou un héros. L'un de ces rôles est au-dessous de nous; nous ne prétendons point à l'autre, et nous ne serons jamais les accusateurs de celui à la place duquel nous présenterions peut-être une conformité de conduite; mais nous ne saurions nous empêcher de remarquer que, dans ces longues listes de signatures, celle d'aucun noble; d'aucun ancien privilégié n'apparaît. Sans s'être entendus, ils agissent de concert; sans s'être abouchés, ils marchent vers le même but. C'est une tribu qui a ses idées, ses lois, ses espérances à part, et qui ne se fondra dans la nation que quand ces dernières seront détruites. Les projets du ministère les ont tellement relevées, qu'elles se manifesteraient au moyen des adresses et des contre-pétitions, si l'on ne craignait de se trahir par l'exiguité du nombre comme par l'oubli d'un serment auquel on ne tient déjà plus. Mais ici l'unanimité du silence parle bien haut; et si l'on se dispense de prendre une part apparente à la mêlée, de nouveaux Moïses tiennent les bras levés vers le ciel, tandis que l'on s'apprête à livrer, à la liberté publique, un combat à outrance, dont ils comptent bien recueillir les dépouilles opimes! Cet effet n'était pas attendu du ministère, ainsi que nous le dirons bientôt; mais il n'est que trop réel. La déviation de l'intérêt général, en fait de gouvernement, n'entraîne qu'à des mécomptes. On n'en sort que par un généreux retour aux principes, ou par l'abus de la force, qui est la route des abîmes.

En ceci, les vues de la noblesse elle-même sont une erreur formelle de calcul, si tant est qu'elle ait la légitime ambition de participer à la conduite des affaires publiques, ce que nous nous proposons encore de prouver dans cet écrit, quelque rapprochées que soient les bornes auxquelles nous voulons le soumettre.

Nous ne quitterons pas ce chapitre sans relever une autre erreur, avancée à la tribune par M. le ministre des relations extérieures, erreur qui doit d'autant plus fixer notre attention, qu'elle fait partie d'un discours préparé, et que, comme telle, elle prétend à une sorte de consécration, tandis que le gouvernement représentatif, bien entendu, lui donne un démenti perpétuel. Je regarde de telles paroles aventurées, à l'instar de ces enfans perdus qu'une garde vigilante doit arrêter au passage, avant qu'ils aient commis des dégâts dans le camp, où ils cherchent à s'introduire.

M. Pasquier a dit que la Chambre des députés doit se préserver de toute influence du dehors. Sans doute, dans cette dénomination, les influences ministérielles ne sont pas comprises; mais, comme il s'agit de pétitions, c'est-à-dire des vœux qu'il est permis à tout citoyen d'émettre, et qu'un loyal député ne doit jamais repousser, quand ils ne blessent ni la loi fondamentale, ni la conscience, il nous semble que M. le ministre a mal saisi l'esprit de notre Constitution et de la Charte elle-même.

Que nous soyons obligés de nous garantir des suggestions de l'intérêt privé, trop souvent aux prises avec l'intérêt public ou l'intérêt des tierces personnes, c'est une vérité triviale à laquelle le juge rend tous les jours hommage sur son tribunal, le négociant dans son magasin, et le père de famille dans ses foyers domestiques : mais un mandataire du peuple, par le fait de sa mission, a d'autres devoirs à remplir. Persuadé qu'un gouvernement, et surtout un gouvernement naissant, ne saurait exister qu'en s'appuyant sur l'opinion, laquelle n'est elle-même que l'expression de la majorité des intérêts, il ne doit négliger aucun des élémens de lumière qui peuvent frapper ses yeux. Les écrits des légistes, la lecture des journaux, les conversations auxquelles il prend part, les réunions auxquelles il assiste, le cours des effets publics, celui des transactions entre les particuliers, et surtout les relations avec son département, doivent non-seulement éclairer sa religion, mais modifier ses idées et le rendre juge de l'opportunité des lois qu'on lui propose. Je ne sache que les notions du crime et de la vertu qui exigent une rigidité inflexible de croyance, et encore parce qu'elles sont fondées sur des rapports invariables eux-mêmes. Quand les bases d'un gouvernement sont consacrées par la volonté du plus grand nombre, elles méritent le respect. Je ne prétends pas pour cela les rendre immobiles à travers le mouvement éternel des siècles et des conjonctures; mais encore faut-il savoir si l'intérêt général y appelle des innovations; car il serait non-seulement injuste, mais même d'une absurdité révoltante, de dire à celui dont on voudrait changer radicalement l'état : « Je ne veux ni te » consulter, ni t'entendre. C'est de toi pourtant dont il » s'agit; je te tournerai et te retournerai, au risque de » te briser les membres. Tu n'auras pas seulement le » droit de dire que tu étais bien, et que tu crains de te » trouver mal. »

Certes, il y a dans un tel langage plus qu'un oubli des convenances. Que sera-ce s'il est appliqué à telle pétition qui, comme celle des habitans de la Seine-Inférieure, sur l'assertion de M. le comte Beugnot, président de ce collége, représente en signatures un capital de plus de cent millions?

Le député qui veut rester étranger à ces choses, a eu tort de se laisser imposer le devoir de veiller à la conservation de l'ordre social. Qu'il rentre dans une retraite dont il n'eût jamais dû sortir ! qu'il y commente des utopies ; mais qu'il ne se mêle pas de gouverner des hommes ou de stipuler pour leurs intérêts ! Une Chambre de députés n'est ni un couvent, ni un conclave : l'isoler, c'est la frapper de mort. Si demain, par un abus de pouvoir, par une violation du dépôt des lettres, les communications nous étaient interdites avec nos départemens, nous pourrions le même jour reprendre la route de notre pays, car ce serait fait du gouvernement représentatif en France.

CHAPITRE III.

Du Discours de M. de Villèle dans la Séance du 15.

M. DE VILLÈLE s'est expliqué nettement. On ne lui reprochera pas les ambiguités. Ses nobles amis savent ce qu'ils doivent espérer de lui ; les amis de nos institutions, ce qu'ils ont à en craindre. Il n'a point infirmé le droit de pétition ; dans l'espèce, il en a reconnu l'application légale ; son jugement a été trop éclairé pour lui montrer rien de collectif dans dix-neuf mille signatures individuelles : mais ouvrant, avec franchise, un champ plus vaste à la discussion, après s'être élancé dans la carrière où son ardeur est impatiente de porter un coup mortel à notre régime électoral, il a invoqué l'ordre du jour contre les pétitionnaires qui en réclament le maintien. Plus hardi que l'année précédente, il a engagé l'affaire avant la présence de son corps d'armée, et il n'a pas redouté de jeter le gant à la Charte elle-même, dans laquelle des modifications lui semblent indispensables.

Nous ne nous permettrons pas de donner un complément à la pensée de l'honorable député : elle n'en a pas besoin. Nous la traduirons seulement en langue vulgaire ; et sans craindre de la travestir, nous l'offrirons dans le seul sens qui lui soit applicable :

« Trois cinquièmes de la Chambre sont renouvelés ; » les nobles y ont une part très-exiguë. Le peuple, » dira-t-on, nomme ses amis, ou ceux qu'il suppose » tels : que nous importe qu'il ait confiance en nous » ou non ? il faut qu'au plutôt les choses soient arran- » gées de manière à ce qu'il nous remette son mandat. » Nous l'accepterons, car nous avons des projets qui » sont très-favorables à la monarchie, c'est-à-dire à » nous-mêmes, puisqu'il est bien connu que nous l'aimons » dès que nous sommes saisis du pouvoir. L'essentiel » est qu'on nous rende celui-ci. La confiance viendra » ensuite comme il plaira à Dieu. Les pères de la foi » et les gendarmes la lui demanderont pour nous. C'est » une affaire arrangée. Si nous venons à quitter la » Chambre, notre minime minorité que nous couvrons, » de notre mieux, par nos discours, par nos journaux, » par le nombre de nos députés sans rapport avec la » mise que nous apportons dans le contrat social, pour » tout dire, par la bonne tenue de notre petite pha-

» lange, qui sait s'élargir à propos, ou se rassembler » comme un seul homme, s'effacera bientôt au sein de » l'immense population d'un État, où nous figurons, » tout au plus, dans la proportion de quarante mille à » quatre millions, ou, ce qui est plutôt exprimé, d'un » à cent. La Chambre des pairs est impuissante. Il faut » d'autres supériorités dans l'État; surtout qu'elles soient » aristocratiques! C'est un rôle que nous ne jouerons » pas mal, pourvu qu'il soit bien payé. Il nous appar- » tient de plein droit. Les anciennes familles de France » sont éteintes aux deux tiers et demi : bagatelle; nous » n'avons point été à Waterloo, et nous avons acheté » des charges, lorsque, indépendamment des préroga- » tives qui y étaient attachées, elles étaient d'un bon » produit. Voilà notre légitimité. Le roi eût bien pu » s'en souvenir, quand il a songé à la sienne. »

Ces argumens sont d'un grand poids; nous nous permettrons cependant d'y faire une réponse qui, pour être très-simple, n'en aura pas moins de force.

Il est fâcheux que la légitimité du roi ait un petit avantage sur celle que l'on fait sonner si haut. Cette première est nécessaire à la nation, dont elle assure la paix; c'est notre propriété comme celle du trône, et l'on peut fort bien se passer de l'autre. En tous temps, à toutes les époques mémorables de notre histoire, les Bourbons ont protégé le peuple contre les grands. Les Bourbons sont les amis nés du laboureur, du soldat et de l'opprimé. Le chêne de Vincennes, le vœu du Béarnais, le surnom de Louis XII, sont pour eux de beaux titres de famille; leur intérêt sera toujours celui du bonheur public. Placés par la nature dans un état heureux d'isolement, quant à la dignité, qu'ils se gardent de se montrer les champions d'une catégorie quelconque de leurs sujets; car ils s'affaibliraient avec elle! Dans l'état présent des choses, leur point d'appui doit être partout; leur escorte, la nation entière. On n'est pas grand pour saisir une des extrémités d'une ligne, mais pour l'embrasser dans toute sa longueur. Il y aurait démence à vouloir guerroyer avec quelques hommes, quand on peut être fort avec tous. En effet, commander par des gendarmes, des lois d'exception, des commissions inquisitoriales; mettre les hommes en prévention : c'est se constituer en alarmes; c'est faire la guerre, et non régner : et qui ne sait qu'en définitive le gain des batailles revient aux masses?

Le côté droit de la Chambre actuelle, non-seulement ne veut pas désemparer, mais il aspire à prendre du renfort. C'est la perspective que place devant ses yeux la promesse ministérielle d'une nouvelle loi. La chose est hors du doute. Qu'y gagnerait la dynastie? Que lui apporterait ce côté droit en échange d'une maladroite protection? Les défiances, le mécontentement et la haine des peuples; car il faut, une bonne fois, reconnaître que l'amour et l'aversion des hommes, en politique comme dans les relations de la sociabilité, ne sont que le cri de leur bien-être ou de leur mal-être, de leurs craintes ou de leurs espérances. Qui enleva des vœux aux Bourbons avant leur rentrée en France? Qui a ralenti cette explosion de joie qui eût dû éclater partout à leur premier retour? Qui l'a rendue presque sans effet au second? Les intérêts étrangers à la patrie, que l'on voyait se grouper derrière eux ; les prétentions antinationales, dont on redoutait qu'ils ne se rendissent l'appui.

Notre honorable collègue, M. de Villèle, a montré de la franchise ; elle relève un beau talent. Nous ne serons en reste avec lui que sous le second rapport. Il a dit implicitement que l'ordre monarchique est menacé par l'admission des trois premiers cinquièmes des députés élus, et que l'apparition des deux autres en serait la ruine. C'est à quoi nous allons répondre d'une manière détournée en apparence, mais qui ne laissera pas de frapper au but.

Nous commencerons par demander à tout homme de bonne foi quel est le côté de cette Chambre au succès duquel s'intéressent toutes les classes de citoyens ? Sans faire de l'armée un corps délibérant, on ne peut supposer qu'elle n'ait ni esprit ni sentimens à elle. Nous soutiendra-t-on que les vétérans de Hohœllenden, de Marengo et de la Moscowa, soupirent après le moment où les braves généraux Grénier, Foy, et plusieurs autres, dont les noms doivent naturellement se placer sous les yeux de nos lecteurs, cesseront de faire partie de la représentation nationale ? Les nouveaux enrôlés de l'armée active, qui, suivant l'heureuse expression du monarque, peuvent faire sortir de leur giberne un bâton de maréchal de France, souhaiteraient-ils par hasard le succès de ceux-là qui, n'ayant pas réussi à modifier la loi du recrutement, se hâteraient d'en dénaturer les dispositions ? Parcourez les comptoirs ou les magasins, et vous verrez si le négociant, au sein même de sa triste inactivité, a cessé de voter presque avec nous ! Jetez un coup-d'œil rapide sur ces pétitions pour lesquelles quelques hommes affectent du dédain, parce qu'ils en sentent la force ; et vous y lirez les signatures de tous les chefs du commerce de France ! Reportez votre vue sur la Chambre elle-même, et vous y trouverez, assis dans nos rangs, les Ternaux, les Delessert, les Lafitte, les Périer, les Tronchon et les Caumartin ! Arrêtez-vous au barreau, et vous y entendrez les invocations à la Charte et au régime électoral se mêler aux mâles accents des défenseurs des droits individuels ! Entrez enfin dans les écoles de médecine, de droit, d'arts et métiers, je dirais presque dans les lycées, où l'instinct de la patrie parle déjà au cœur de la jeunesse, et vous saurez pour qui sont les vœux en ce moment, pour qui sont les alarmes.

Or, c'est dans cet état de choses que l'on présenterait, à l'approbation des mandataires du peuple, une loi qui ferait passer le droit d'agiter les intérêts nationaux aux mains d'anciens privilégiés qui veulent l'être encore, dont le pouvotr remonte à une date sinistre, derniers élémens de la Chambre de 1815, qui se débattent encore sous l'ordonnance du 5 septembre, derniers nés des adjonctions préfecturales, et dont les actes législatifs, sous ce rapport, pourraient être invalidés, si on leur faisait subir un sérieux examen !

Certes, cette loi, dont on fait tant de bruit, bonne ou mauvaise, ne saurait paraître dans de plus fâcheuses conjonctures. Offrirait-elle une véritable perfection dispositive, ce ne serait pas le cas de la produire. Ce n'est jamais impunément que l'on essayera de ravir à un peuple des usages et des coutumes qui lui sont chers, encore moins un droit déjà consacré, et qui est tout à ses yeux, puisque c'est par lui seul, qu'après de longs revers, il a pris une attitude nationale. Une transaction a eu lieu entre l'antique monarchie et la révolution ; un contrat d'alliance a été signé entre le trône et le peuple : pour tous deux, le respect de cette transaction et de ce contrat est tellement une condition de salut, qu'à mon sens une réforme, quelque bien calculée qu'on la supposât, ne devrait être mise en avant qu'avec l'assentiment mutuel des parties contractantes. Au moins faudrait-il se rendre les paroles données, et je ne vois pas trop à qui en serait le profit.

Ces parties contractantes sont-elles duement représentées dans la Chambre ? des intérêts tiers, ou même contradictoires, n'y figurent-ils pas ? Ce sont des questions que je crois avoir résolues, autant dans ces dernières pages que dans mon premier écrit.

Il me reste à examiner de quelles suites une abrogation ou une modification essentielle de la loi des élections, serait, pour le Roi et les Bourbons, pour le Gouvernement et le Ministère, et de quelle influence une telle abrogation serait sur la noblesse elle-même, puisqu'il faut enfin parler à cette dernière le langage de ses véritables intérêts, auxquels, jusqu'à présent, elle me semble rester étrangère. Cet examen fournira la matière d'autant de chapitres, que nous terminerons par quelques vues définitives sur les ressources de la position présente.

CHAPITRE IV.

De l'influence de la Loi projetée, par rapport aux Bourbons.

Le Roi, dans cette affaire, devrait être hors de cause, ainsi que le veut l'axiôme du gouvernement représentatif, en vertu duquel le prince est impeccable : je le sais; celà devrait être ; mais, que le Ministère échoue ou non dans sa proposition, qu'il quitte ou qu'il reste, il ne portera pas seul le poids de l'essai qui aura été inconsidérément hasardé. La responsabilité morale de cet acte ne s'arrêtera pas à des administrateurs passagers; elle ira frapper ailleurs. Menacé ou attaqué dans ce qu'on chérit, on regardera plus haut, et, à mon avis, il ne saurait être indifférent, pour une dynastie qui vient de remonter au trône de ses ayeux, de se présenter en amie ou en ennemie à ses sujets, de se montrer protectrice de leurs droits déjà reconnus par elle, ou d'aspirer, au moins en apparence, à les anéantir. Ce serait une grande faute de sa part que de compromettre la confiance nationale dont elle s'est ressaisie, car c'est un champ où l'on ne sème pas toujours avec succès, et où les secondes récoltes sont d'un mince produit. On peut jouer impunément avec l'or, peut-être même avec le sang des peuples, l'expérience ne le prouve que trop; mais non avec leur amour.

Il faut l'avouer : l'homme qui a précédé les Bourbons dans l'exercice de l'autorité, a parcouru parmi nous, avec succès, presque tous les stades de la gloire ; il a mis celle des armes à si haut prix, que le repos de l'Europe, maintenant, en est peut-être mieux assuré. Les monumens qui, de toutes parts, s'élèvent dans l'intérieur de la France, où il ne doit plus reparaître, semblent lui former pour les siècles un brillant cénotaphe ; les arts se souviennent encore de l'impulsion qu'il leur a donnée ; de long-temps ils n'auront désappris son nom. Par un hasard tout-à-fait heureux pour la dynastie régnante, l'affection des peuples est la seule mine qu'il ait mal exploitée ; il en a même affecté le dédain. C'est la seule chose qu'il ait laissée à la légitimité des Bourbons, comme si, en portant ses pas sur ce domaine du sang de Henri IV, il eût craint de commettre un sacrilége.

Que cette négligence ait été volontaire ou non, il ne faut pas en perdre le fruit, en mécontentant des cœurs qui ne demandent qu'à aimer. Si le trône a acquis un caractère de nationalité, rendons-en grâces au Ciel, et n'aventurons pas un bienfait dont rien ne pourrait suppléer l'absence. C'est par la Charte que le Roi s'est vraiment fait le père des Français. Ses titres antérieurs, examinés en droit positif, sont des abstractions ou des mystères, peut-être une simple magie qui n'aurait plus son enchantement ; car il est rare que les mêmes illusions fassent deux fois le tour du globe. Son nouveau titre, au contraire, est réel, incontestable ; il saisit chacun par son intérêt personnel, qui est la meilleure des prises. Pour les publicistes du Conservateur, Louis XVIII peut régner depuis vingt-six ans ; pour lui et son peuple, il ne date vraiment que de la Charte. Voilà son terrain où, comme un autre Antée, il défie l'Hercule révolutionnaire, voire même celui de Sainte-Hélène. L'allégorie mythologique renferme tout le secret de la puissance royale, à cela près que l'avantage est du côté de cette dernière, puisque, sans son consentement, on ne saurait la ravir au sol de sa création.

Un initié ministériel est sans donte prêt à nous répondre qu'on est revenu à reconnaître cette vérité de position, et qu'on se bornera à modifier le régime électoral, de manière à le renforcer d'olygarchie : vain projet, qui n'aboutirait qu'à la honte d'une tentative infructueuse ! le peuple ne prendra point le change. La Charte est maintenant, pour lui, toute entière dans la loi des élections ; mais la loi des élections n'est qu'implicitement renfermée dans celle-ci : il fallait presque l'y chercher. C'était une belle statue à faire sortir d'un bloc de marbre : Phidias l'a donnée à la ville d'Athènes ; et si Phidias est assez fou pour vouloir anéantir son plus beau titre de gloire, Athènes l'empêchera de briser son ouvrage.

N'en déplaise à M. le maire de Châteaubriant : réduit à opter entre la Charte, dont j'adore le bienfait, et la loi des élections qui en est la vie, par respect pour la volonté du Roi, qui n'a pu être fallacieuse, je me prononcerais pour la loi des élections, parce que, avec celle-ci, je retrouverais la Charte, et parce que, sans elle, la Charte n'offrirait aucune garantie à la liberté publique : 1815 ne l'a que trop prouvé. Qu'importe que vous possédiez une belle déclaration de principes ? Qu'importe que le ciseau en creuse l'empreinte dans le marbre, et que l'or en fasse saillir aux yeux les sacrés caractères, si vous écartez les sentinelles qui doivent en assurer l'application ? Supposez une Chambre aristocratique qui ne soit pas trop maladroite, et, avant quatre années révolues, j'établis en fait qu'elle vous aura soumis au code de Venise, sans que vous ayez à vous plaindre d'aucune infraction manifeste de la Charte. Vous entendrez même vos nouveaux députés l'invoquer dans leurs préambules, ainsi que, jadis, les augures adressaient leurs prières à des dieux auxquels ils ne croyaient plus.

La Charte serait donc inutile ? Non ; car, dans votre hypothèse, vous pourriez en dire autant du plus précieux présent que le Ciel ait fait à la terre, de ce code de paix et de charité, où le fanatique trouvera des motifs à la persécution ; le mauvais ami, à l'ingratitude ; le méchant fils et le père sans entrailles, au mépris des droits de la nature. Tout dépend du prêtre qui dessert l'autel ; ainsi qu'il le voudra, l'hostie sera pacifique ou non. L'Évangile aura deux langages, en passant par la bouche de Fénélon ou d'un inquisiteur de Goa ; mais il n'en est pas moins bon, pas moins salutaire que l'Évangile existe : c'est le gage de réconciliation entre Dieu et son peuple, comme la Charte entre la France et son Roi.

Certes, il n'est jamais entré dans la pensée du prince d'atténuer chez nous cette riche promesse faite aux droits nationaux, ni de livrer pour pâture à nos esprits, une théorie sans résultats. Il l'a donnée, il l'a entendue dans ses déductions, dans ses conséquences, dont il n'est pas une seule qui, bien comprise, ne soit compatible avec le bonheur de ses sujets et la sûreté du trône. Assez favorisé des conjonctures de l'époque pour arriver avec un bienfait, il regarderait comme au-dessous de lui de le retirer; ainsi que, quand on se croit en force chez l'ennemi, on brise le pont par où l'on a passé. La puissance des vieux souvenirs est en perte après une lacune de vingt-cinq ans; elle peut bien favoriser une soudure, mais, toute seule, elle ne la ferait pas. Cette soudure se consolide de jour en jour; les pétitions elles-mêmes, qui viennent de toutes parts réclamer la fixité de ce qui existe, y apportent leur ciment. Vieille de résistance, la Charte aura bientôt pris une couleur antique par les attaques dont elle aura été l'objet; déjà elle tire quelque force de la loi des élections : qui sait si, sans cette dernière, elle existerait encore? C'est une mère qui ne saurait désormais se passer du secours de ses enfans; elle le rend à son auteur; et la chaîne de tous les intérêts se forme; enfin les plaies de l'État commencent à se recouvrir : espérons que des mains imprudentes ne viendront pas leur enlever l'appareil!

Ce que nous venons de dire est susceptible de quelques objections; nous ne nous les sommes pas dissimulées : dans les pages suivantes, elles trouveront leurs réponses.

CHAPITRE V.

Du nouveau Projet, par rapport au Ministère et au Gouvernement.

Le gouvernement peut-il marcher avec la loi présente des élections, sans être trop gêné dans ses actes? Pouvait-il compter sur une majorité convenable, après l'introduction du troisième cinquième dans la Chambre? Je le crois; M. le premier ministre l'a cru lui-même : je lui rendrai cette justice, que je l'ai vu constamment opposé à tous projets novateurs, et qu'ils lui ont répugné autant qu'à moi et à mes honorables amis. L'accroissement du nombre des députés, qui, à la rigueur, pourrait se discuter selon la Charte, n'eût qu'avec peine obtenu son approbation. C'est un hommage très-désintéressé que la vérité réclame ici de ma plume, en faveur d'un administrateur de talent que je combats avec franchise, parce que mon devoir de bon député et de fidèle sujet me l'ordonne; mais que je n'en crois pas moins nécessaire aux conseils du Roi et au gouvernement d'un royaume, où les hommes d'esprit seront encore quelque temps plus communs que les hommes d'État.

On sait que MM. les autres ministres n'ont pas apporté dans les conseils du roi un esprit d'innovation contre lequel ils luttèrent, avec honneur, l'année précédente. Comment donc des changemens ont-ils été résolus? Ceci exige quelques explications auxquelles nous allons nous livrer en peu de mots :

L'époque où le noyau olygarchique doit se détacher de la Chambre, et où, par conséquent, il cessera, comme un corps étranger, dans un membre plein de vigueur, de donner une fièvre d'inquiétude à la nation sur ses plus grands intérêts, n'est pas éloignée. Chaque renouvellement de députés enlève à ce parti sa prépondérance contre nature. L'élection de 1819 l'a beaucoup affaibli : celle de 1820 le réduirait à un état de nullité. Voilà ce que l'on voulait prévenir. Au défaut de motifs pour sonner l'alarme, on en eût imaginé. Sur dix-sept présidens de colléges électoraux, présentés aux choix des citoyens, quatorze élus étaient un gage rassurant des intentions nationales. Le ministère a commencé par le dire dans ses journaux ; mais les gens de cour ont été d'un autre avis. Les appréhensions de ces derniers étaient pour eux-mêmes, et non pour les personnes augustes auxquelles ils ont inoculé leurs terreurs ; de-là, celles-ci sont revenues au gouvernement qui a cessé de voir le péril où il est, et qui, par conséquent, l'a placé où il n'est pas. Dans ces conjonctures, quelques jeunes doctrinaires discutaient entre eux sur des utopies dont le germe, formé à Copet, avait été jeté dans le publiciste et les archives. Nés avec des talens, forts en dialectique, pleins de sentimens généreux, il ne leur manquait, à presque tous, que d'avoir vu la révolution pour la connaître. Habiles à ranger, sous une apparence de méthode, des notions un peu nébuleuses, et qui, par leur nature, sont destinées à rester telles, aux yeux du commun des hommes, ils ont cru pouvoir raisonner avec les intérêts, voire même avec les passions nées des intérêts. Leur ame était à l'honneur, leur cœur à la liberté ; le seul reproche que l'on serait tenté de leur faire, serait d'avoir voulu arriver, avant leur âge, au gouvernement de leur pays. Jansénistes politiques, en cela, ils n'ont pas tenu à la rigidité de leurs principes. Au reste, cette ambition était riche d'excuses, car c'était celle du désintéressement.

On pensa que leur plan modifié pourrait servir aux besoins du moment. Les gens qui aiment une administration facile, l'envisagèrent comme un moyen sûr d'opérer une diversion favorable au pouvoir, et l'on n'eut garde de négliger cette occasion de faire brèche dans le parti libéral. Par les doctrinaires, on s'était flatté d'avoir les députés du centre : on se trompa. Les plus expérimentés avaient déjà reconnu le péril. Une erreur de M. le comte de Cazes serait peut-être d'agir plus sur les individus que sur les masses. On avait compté les députés un à un. Ce calcul leur était trop peu honorable pour que leur conduite ne le mît pas en défaut. D'ailleurs, dans ces choses, indépendamment de l'influence de l'opinion publique, il y a toujours une action de sentiment qui entraîne les hommes en dépit de leur propre personnalité. Les lumières de plusieurs, versés depuis long-temps dans les affaires, dès le principe, les retinrent à l'écart. Quelques-uns eurent le courage de faire entendre des paroles de contradiction et de vérité aux oreilles d'un gouvernement auquel ils devaient leur état : honorable défection qui fut signalée par le vote de l'adresse, et plus nouvellement encore par le scrutin relatif aux pétitions arrivées des départemens.

Cette imposante minorité de 112 voix qui, sur 229, se prononcent contre des projets novateurs, prend certainement un caractère national, dès qu'il s'agit d'une Chambre où l'on compte près de 50 députés acquis, par système, à la faction olygarchique, et où il est tout simple que le gouvernement, s'il ne s'est fait des amis, oblige au moins à circuler dans son orbite, par la seule action du pouvoir, un certain nombre de votans placés dans sa dépendance.

Aujourd'hui ce nombre total est d'environ 67. J'ose prédire qu'il subira une forte réduction. Le centre de la Chambre est peuplé de citoyens d'un grand jugement, que la crainte des mouvemens révolutionnaires incline vers l'autorité. Quand cette crainte sera calmée (et déjà elle perd beaucoup de sa force), on les verra se rallier à la voix de la patrie. Nous n'oserions borner le nombre auquel montera cette seconde défection : ce serait faire injure à des collègues que nous respectons ; car notre considération pour eux ne se mesurera jamais sur la distance de quelques bancs qui nous séparent plus que nos sentimens. Ils sont *ministériels* ; c'est qu'ils croient devoir l'être. S'il nous était permis de nous compter pour quelque chose dans ces grands débats, nous dirions que nous l'avons été comme eux, et que nous nous proposons bien de l'être encore. Sans blâmer ceux qui adoptent le parti d'une opposition systématique, laquelle pourtant, dans l'origine d'un gouvernement, doit être proportionnée à sa force, nous pensons que, la constitutionnalité sauve, un député sage peut marcher avec le ministère, sans démériter de ses concitoyens. C'est de la majorité issue de cet assentiment de confiance que se forme, dans un pays, le régime représentatif. Par exemple, le ministère *Dessoles*, créé par la proposition *Barthélemy*, choisi dans le sein même des Chambres, eût dû, dans la nôtre, être à l'abri d'une vivacité d'attaque qui l'a empêché de se présenter, en France comme en Europe, avec une attitude assez imposante pour écarter l'idée d'une dissolution prochaine. En cela, quelques patriotes, sans s'en douter, ont pu servir la cause de l'olygarchie.

Mais c'est de la cause du ministère présent dont il s'agit : voyons ce qu'il peut se promettre de succès dans ses nouvelles tentatives. Le côté droit lui est arrivé avec 50 suffrages au plus. Est-ce une force ? Non ; et nous allons le prouver :

D'abord il faut convenir que les hommes monarchiques se montrent peu généreux envers un gouvernement réduit à mendier leur secours. Au ton qu'ils prennent dans la Chambre et hors de la Chambre, on reconnaît en eux des auxiliaires décidés à se faire bien payer le prix de la victoire. Celle-ci devient d'autant plus douteuse, que l'on combat sous leurs couleurs. Comme on va au plus pressé, on ne voit que le gain de 50 votes, et l'on ne compte pas la perte de la confiance publique, qui les paralyserait tous. Est-on bien assuré encore de ces 50 votes ? Un article, ajouté ou retranché à la nouvelle loi, n'obligera-t-il pas à quelque soustraction ? Car les unités ont des valeurs, dans une majorité qui ne laisse pas seulement sa voix à chaque ministre. Si l'on a pris des engagemens envers le côté droit, certainement ils sont de nature à mécontenter les amis les moins enthousiastes de la liberté publique. En effet, il faut faire l'honneur aux députés de France de croire qu'il leur répugnerait d'avoir paru à Paris pour y consacrer l'usurpation de quelques familles, au préjudice de la grande famille, dont ils sont à la fois les mandataires et les enfans. La Charte ne reconnaît ni primogénitures, ni castes, ni catégories, ni premier ni second degré. Tout s'efface devant elle, ou tout y brille également dans la seule proportion des services rendus à l'État. Or, je soutiens que tel député du centre, sur lequel on compte avec assurance, alarmé sur les résultats d'un projet qui satisferait l'ambition olygarchique, n'ira pas, de sa propre main, déposer dans l'urne le trait qui peut, un jour, frapper ses arrière-neveux! Il ne s'agit plus, parmi nous, d'un médiocre intérêt. La question qui se débat est peut-être la plus importante du siècle, puisque l'avenir nous devra un héritage de bonheur ou de misère. Certes, comme législateurs, comme économes de la fortune publique, nous ne pouvons méconnaître les intérêts de la génération qui s'avance. Il ne faut pas qu'elle renonce à notre succession, ou qu'elle ne la prenne que sous bénéfice, ce qui serait un égal malheur.

Un journal (le Courier) a dit, depuis peu, qu'il n'y a pas de majorité dans la Chambre. L'erreur est réelle. Quoi? vous voyez d'un côté 50 votans; de l'autre, vous en comptez 112 : et vous ne reconnaissez pas de majorité? Le bon sens n'a-t-il pas dû vous dire qu'emportés dans la sphère ministérielle, jusqu'à ce qu'un moment décisif vienne leur donner une autre impulsion, 60 députés n'ont pu prendre encore un caractère? Ce que j'avance deviendrait palpable par une nouvelle marche du gouvernement. Vous cherchez une majorité : la séance du 15 janvier la proclame; les 112 voix qui s'y sont fait entendre parlent assez haut; vous pouvez vous tourner de ce côté, car la France est là!

Au reste, ce conseil n'a rien qui soit contraire à la monarchie, rien qui puisse alarmer les amis de la légitimité. Celle-ci ne serait en péril que par le malheur du peuple. Heureuse solidarité qui ferait de la bonne conduite un devoir, si l'auguste famille qui nous a été rendue ne nous donnait, pour garantie, des antécédens plus dignes d'elle et de la nation à la tête de laquelle elle marche !

Ne craignez pas quatre-vingt mille, ou, tout au plus, cent mille citoyens dont se composent les colléges électoraux : mais redoutez les vingt mille privilégiés que l'on voudrait rendre les arbitres des élections ; car, en définitive, tous les plans, tous les projets, depuis quatre mois tournés et retournés à l'insu même des premiers auteurs, tendent à ce résultat. Ce n'était cependant que par un coup de fortune ou une savante combinaison législative, qu'après des troubles où les classes infimes ont joué un si grand rôle, on pouvait mettre hors de cause cette masse imposante de population, au sort de laquelle l'autorité doit veiller dans chaque État, mais qu'il serait imprudent de consulter comme élément d'administration. La loi menacée l'a mise à l'écart. Ce n'est pas tout : suivant le calcul de l'honorable député, M. Benoît, elle désintéresse les détenteurs des 19 premiers trentièmes de la propriété de France : que dis-je? elle les attache à l'existence d'une Chambre dans laquelle ils se voient des défenseurs qu'ils n'ont pas nommés ; d'une Chambre dont l'entrée n'existe, pour eux, que dans un lointain très-fugitif, puisque la porte des colléges électoraux ne leur est seulement pas ouverte. Voudrait-on leur enlever tout espoir par l'établissement d'un patriciat aristocratique ? A quoi donc serait bonne la pairie ?

En jetant les yeux sur une assemblée qui a passé par une telle filière, ou songeant que le Roi peut la dissoudre à toute heure, si on ne connaissait les ressorts que l'on a fait jouer près du gouvernement ; on s'étonnerait que le projet de dénaturer cette branche du pouvoir eût jamais germé dans des têtes françaises.

On nous a montré des inquiétudes : qu'il nous soit permis de parler aussi des nôtres ! Elles sont, malheureusement, mieux fondées.

Des lois de garantie sont promises depuis long-temps : pourquoi ne paraissent-elles pas? Elles épargneraient au ministère le grave reproche d'avoir oublié que, transportés, à leurs frais, à Paris, les députés y gémissent d'une inactivité qui prolongera leur séjour loin de leurs foyers domestiques.

Nous demanderons encore par quelle fatalité, à l'instant où l'on agite des projets alarmans d'innovation, les corporations religieuses, non autorisées, redoublent d'efforts contre le régime constitutionnel? Nous ne saurions, en effet, nous dissimuler les progrès des Pères de la foi. Ils contractent, ils achètent, ils bâtissent, et leurs pierres d'attente menacent d'un envahissement total l'éducation publique. Aujourd'hui on leur envoie les enfans des nobles : demain, ils exigeront ceux de l'artisan. On sait que leurs séminaires ne sont que des colléges déguisés; on sait qu'ils ont un chef étranger, qu'ils agissent par ses ordres, qu'assurés du zèle de quelques évêques de leur robe, ils aspirent déjà à remplacer les pasteurs légitimes; que leurs fréquentes missions, établies où elles sont le moins utiles, interrompent les travaux, troublent les esprits, alarment sur des intérêts consacrés, et font servir la religion aux calculs d'une politique qui tend à déplacer le pouvoir. Nous avons, plus d'une fois, porté le flambeau sur ces abus; notre voix a retenti à la tribune, et l'on a cru nous offrir une satisfaction, en resserrant ce culte excentrique dans l'enceinte des églises. Mais, dans l'intérêt du trône, nous ne saurions nous empêcher de dire au Roi et à tout ce qui a un caractère public en France, qu'il y a ici violation des principes constitutionnels. Aucune corporation ne pouvant être établie, encore moins rétablie, sans une loi de l'État, pourquoi les jésuites, qui osent tout, excepté s'appeler de leur nom, reparaissent-ils parmi nous? Pourquoi leurs séminaires s'ouvrent-ils à des vocations de dix et douze ans? Pourquoi des enfans, qui ne sont pas destinés à l'état ecclésiastique, y viennent-ils apprendre à haïr nos lois (1)? Je ne sache personne, dans le royaume, qui ait le droit d'autoriser ces choses, fût-ce l'héritier présomptif de la couronne! Il nous répugnerait de croire qu'un fils de France se déclarât jamais le protecteur d'une réunion illégale. S'il en était autrement; plein de respect pour la majesté royale, dont le reflet s'étendrait sur sa personne, nous oserions lui demander s'il abdique son inviolabilité, et, en cas de réponse affirmative, nous l'inviterions ensuite à s'asseoir sur le banc des ministres, où nous nous permettrions de renouveler, en sa présence, les questions que l'on vient de lire. On parle de la grande aumônerie: serait-ce, par hasard, un septième ministère? En ce cas, qu'on nous le fasse connaître au plutôt, et que nous sachions au moins à qui demander compte de la cause la plus

(1) Les livres classiques de la maison jésuitique de Lyon peuvent être cités en preuve.

imminente de nos inquiétudes ; car il est évident que la religion de l'Etat est en guerre ouverte avec les institutions de l'Etat. Si celle-ci ne peut ni ne veut se fondre dans nos mœurs, si, après avoir encensé ce que l'on nomme le pouvoir de l'usurpation, elle ne veut pas fléchir devant celui de la légitimité et de la patrie, nous le déclarons à la face du ciel : « Elle n'est pas cette fille » de l'Évangile, destinée à consoler toutes les douleurs, » à parler toutes les langues, à respecter tous les intérêts reconnus, à se montrer soumise envers les autorités, et à prêter le secours de ses doux accens aux » lois dont elles sont les organes. Disons-le sans craindre » de nous abuser : son despotisme trahit son origine, et » sa mission n'est qu'une mission de mensonge. »

CHAPITRE VI.

De l'influence des affaires présentes, par rapport aux Nobles.

Nous allons parler à des hommes presque tous pleins d'honneur et de loyauté ; victimes d'un orage qui s'amassait depuis long-temps, encore plus que de leurs fautes ; qui se sont créés des devoirs imaginaires ; qui, avec de bonnes intentions, font beaucoup de mal à leur pays ainsi qu'à eux-mêmes ; et qui, comme l'Ixion de la fable, semblent réservés à poursuivre sans fin sous des formes décevantes, des nuées prêtes à s'évanouir devant leurs pas, si même elles ne recèlent un feu destructeur.

Il est rare que l'intérêt privé s'égare dans ses voies, et pourtant il est ici en défaut. Ceux auxquels nous allons nous adresser sont prévenus contre ce qui existe; peut-être le sont-ils contre nos efforts. Qu'ils lisent ces lignes cependant, et ils verront que notre langage n'est pas celui d'un ennemi! La ruse caresse; le désir d'être utile raisonne, contrarie au besoin, et va même jusqu'à l'énergie de l'opposition. Nous dirons la vérité; heureux, si notre voix porte, à l'oreille de nos concitoyens, quelques accens de persuasion; heureux, si elle peut rappeler ceux qui s'égarent, aux sentiers hors desquels, en politique comme en morale, on ne rencontre que trouble et infortune!

Nous nous sommes, plus d'une fois, demandé comment il arrive que, généralement, les hommes les plus attachés à la religion catholique sont ceux-là même qui s'abandonnent le plus aux illusions de leur amour-propre? Le christianisme est le culte de l'égalité. Il promène le niveau sur les têtes; il abaisse les superbes, il élève les humbles, et pourtant l'orgueil est presque toujours à la porte du sanctuaire. Certes, l'Évangile a été mal compris par la plupart de ceux qui font profession de le suivre; car notre révolution, tant noircie, tant calomniée, y est toute entière. La noblesse de France est, au moins en apparence, la classe de citoyens la plus dévote et la plus hautaine. Cette vanité est-elle bien entendue? Atteint-elle son but? c'est ce que nous ne croyons pas. Elle sème partout le mépris, et elle moissonne la haine; elle affecte des airs suprêmes, et elle reste impuissante; elle se croit nécessaire, et, si elle voulait se borner à se rendre utile, elle verrait venir au-devant d'elle les hommages qui la fuyent. Encore deux générations, et une persévérance dans la ligne suivie la placera au-dessous de ceux qu'elle dédaigne. Notre pensée sera bientôt mise dans tout son jour.

Les gentilshommes se partagent en deux classes. Dans la première, nous comprendrons ceux de cour, avec un petit nombre de provinciaux assez heureux pour se mêler dans leurs rangs à la faveur de services rendus à la cause de tous, ou d'opinion émises; car, par le temps qui court, ces choses marchent de pair. La seconde classe se composera des nobles de province. Dans plusieurs départemens, celle-ci est la mieux instruite et la moins attachée au préjugé de la naissance. Si, par les essais que l'on renouvelle sans cesse à Paris, on ne nourrissait en elle l'espoir de rentrer dans ses priviléges, peut-être même de ressaisir quelque chose de plus positif, elle aurait déjà eu le bon esprit d'accepter la révolution avec ses conséquences.

Quoique évidemment au-dessous des temps actuels, dont elle n'a pu encore trouver la clef, la noblesse de Paris raisonne à sa manière sur le gouvernement. Les discussions politiques du faubourg St.-Germain la partagent entre des Grotius d'opinions diverses. Les uns, fidèles à leurs amours, voient la perfection administrative dans le pouvoir absolu; sans s'oublier un instant, ils s'endorment en ressuscitant Louis XIV. C'est le rêve de l'égoïsme. Le réveil est actuellement à Madrid, et ce beau idéal d'un régime, appuyé sur des moines et des familiers du St.-Office, pourrait bien, dans les esprits les plus prévenus, ne tenir désormais que la place d'une de ces fictions avec lesquelles on enchante ses loisirs, ainsi que nos républicains sont réduits aux dialogues du philosophe d'Ægine.

Quelques nobles de cour, qui se sentent réservés aux grandes destinées, qui ont vu Londres et son Vauxhall, les lords et leurs chevaux écourtés, veulent partout de l'olygarchie. Le parlement d'Angleterre est la seule représentation des intérêts possible à leurs yeux; les bourgs pourris agissent sur ces Thémistocles comme les trophées de Miltiade; les supériorités sont mises par eux à l'ordre du jour, et, comme de raison, ils s'en adjugent la meilleure part.

Dès que j'entends parler de monter, chez nous, une aristocratie dans le genre de celle de nos voisins d'outre-mer, il me semble que l'on veut, à toute force, nous faire entrer dans un vêtement taillé sur les membres d'autrui. Des élémens olygarchiques existaient chez les Anglais, quand éclata leur révolution. L'élite de l'État les offrait sous Charles II et son imprudent successeur; ce que la Grande-Bretagne renfermait de plus illustre milita ou succomba pour la cause publique. Les Sharp, les d'Argyle, les Sidney, les Essex, semèrent alors des germes de liberté, et les fécondèrent de leur sang. Dans ces mouvemens d'une grande société, prête à retrouver ses titres et à réclamer contre la prescription de ses droits, le peuple n'apporta, en tribut, que la haine du papisme. Il était tout simple que, fondateurs d'un nouvel ordre social, les grands le fussent aussi d'un patriciat qui subsiste encore. Peut-être les événemens d'Espagne nous présenteront-ils quelque chose de semblable; car, à quelques égards, il y a conformité de situation. Dans la Péninsule, c'est la classe la plus distinguée et la plus instruite qui s'arme aussi pour la délivrance de tous; c'est contre des malheureux, noyés d'ignorance et de superstitions, qu'elle aura à combattre. Victorieuse, il n'est pas douteux qu'elle ne s'établisse en première ligne de l'ordre politique. En France, au contraire, l'ancienne aristocratie a lutté constamment, soit pour le despotisme, soit pour la conservation de ses priviléges. Si l'on excepte quelques hommes animés d'un véritable esprit public, ou qui ont pénétré le secret de leur position, ne le fait-elle pas encore? où trouveriez-vous donc chez nous les élémens d'un patriciat pris dans la vieille noblesse et dans les familles historiques? A peine a-t-on pu faire déroger celles-ci jusqu'à la Chambre des pairs, où elles gémissent de s'asseoir à côté d'hommes nouveaux. Soyons certains que le succès du mouvement, tenté dans la Chambre des communes, aurait pour résultat, prochain ou éloigné, une épuration de l'autre. Si, seulement, à l'un des retours du Roi, les nobles s'étaient avisés de se mettre à la tête des intérêts nationaux, que plus d'un illustre plébéien avait désertés sous l'autorité précédente, ils eussent obtenu des avantages, dont aucune force humaine ne saurait désormais les ressaisir. Mais, en l'état présent des choses, vouloir parodier le régime de l'Angleterre, ce serait tracer, sur le sable du rivage, des signes que le flot va bientôt effacer. Organiser une olygarchie en France, ce serait, en même temps, inviter le peuple, qui n'a jamais été protégé par elle, à secouer cette charge ? Et, en le faisant, ne serait-il pas à craindre que, dans son humeur, il ne cherchât à se débarrasser de ceux qui lui en auraient imposé le fardeau ?

Il y a assez de lumières sous le soleil qui nous réchauffe, sur cette terre chérie que nous avons le bonheur d'habiter, pour que la société puisse y fleurir sous le seul empire des lois et de la Charte. L'état de notre civilisation, la dispersion des propriétés, auxquelles prennent part quatre millions et demi d'individus, tandis qu'en Angleterre le sol est devenu l'héritage de cent trente mille citoyens, demandent des institutions appropriées à cet état et à la multiplicité des intérêts qu'il a créés. La différence des deux pays est telle que, si parmi nous il se faisait un trafic de suffrages, ainsi que chez nos voisins, l'on pourrait nous dire descendus au dernier dégré de l'avilissement. A Londres, tout se vend, même l'honneur, sans péril pour la société, parce que la loi y est encore plus forte que les vices de ceux qu'elle régit. Cette cité me semble un grand bazar commercial et politique, où les hommes ont leur tarif. Dans les élections, on y vote à haute voix : je le crois sans peine, puisqu'il faut que l'acheteur soit assuré de n'avoir pas été pris pour dupe. A Paris, dans nos départemens, tout serait perdu s'il en était ainsi. L'estime y est une force morale ; personne ne consent à s'en passer ; l'opinion y commande à l'intérêt, partout où elle peut atteindre ; elle fait même fléchir la loi sans préjudice notable de l'ordre, ce qui en serait subversif dans la Grande-Bretagne. Quand l'homme se respecte, un gouvernement a beaucoup moins à faire. Alors le Code peut impunément tempérer sa rigueur. Un bon magistrat de Londres s'acquitterait peut-être fort mal de son métier parmi nous. Je vais citer un exemple de l'influence à laquelle le caractère français est si honorablement soumis.

Aux dernières élections de mon département, dont le chef-lieu est éloigné de près de trente lieues de certaines communes limitrophes, deux ou trois riches propriétaires, d'une manière détournée, voulurent défrayer à leur retour, quelques petits marchands, pères de famille, qui, sur leurs instances, s'étaient rendus au collége électoral. Malgré la délicatesse qu'on y apporta, ces derniers refusèrent obstinément tout ce qui eût semblé être le salaire d'un acte conforme à leur conscience, et qui les relevait à leurs propres yeux. Les choses se passeraient-elles ainsi en Angleterre, où l'élection est au moins un combat de guinées, et où la victoire, si elle n'appartient au plus robuste, reste toujours au plus riche ?

Ne comparons donc plus l'une à l'autre deux nations que la nature et les siècles ont diversement traitées. Comme peuple, je ne trouve pas notre part la plus mauvaise ; mais quand, dans la première classe d'un État, on s'obstine à voir toute une nation, on est d'un autre avis, et c'est une erreur commise par madame de Staël. J'en prends acte au nom de notre chère patrie.

Le plus grand bonheur des nobles de France eût été, peut-être, d'assister aux funérailles de leur existence nobiliaire. La Charte ne pouvait que leur continuer un vain titre, et leur propre intérêt les condamne à l'oublier : c'est le seul moyen qui leur reste de le faire revivre. Un insigne service à leur rendre présentement, serait de bannir à jamais ces chances de contre-révolutions que certaines feuilles publiques et certains actes d'une autorité imprévoyante donnent pour aliment à un espoir toujours déçu. Il est temps qu'ils rentrent dans l'état social, et qu'ils s'y incorporent. C'est par cette seule assimilation, qu'ils seront quelque chose. Plusieurs ont relevé leur fortune. Dans les départemens de l'Ouest, ils forment encore la classe des grands propriétaires. Il faudrait qu'ils fussent bien maladroits pour que l'avantage de cette position ne les conduisît pas à une influence constitutionnelle. Quelques-uns ont été plus maltraités dans la tourmente générale. Ils sont à plaindre. Mais les ames fortes repoussent une stérile pitié, même une pitié protectrice. Qu'ils recourent aux arts, à l'agriculture et à une honnête industrie ; qu'ils s'asseyent dans les comptoirs et dans les magasins : ils commenceront avec peu ; la confiance publique grossira bientôt ce peu, et se réjouira d'autant plus d'apporter des matériaux à ce nouvel édifice de bonheur, qu'elle ne sera plus alarmée de leur oisiveté importune ou menaçante.

Il est une observation qui mérite la plus sérieuse attention des nobles, qui rentre même dans les intérêts de leur amour-propre, auquel ils ont déjà fait assez de sacrifices, pour ne pas l'immoler, quand le sentiment en devient légitime.

La haine de nos institutions aveugle plusieurs gentilshommes, au point qu'ils se croient obligés d'écarter leurs enfans des lycées, des colléges royaux, des écoles publiques, et de tous les établissemens où la jeunesse, participant aux lumières acquises par les hommes remarquables du siècle, se prépare à les remplacer et à exercer dans l'État l'influence irrésistible du talent. C'est aux maisons de Lyon, d'Auray, de St.-Acheul, que ces fils de famille sont adressés par des parens qui se traitent eux-mêmes en ennemis, en deshéritant leur avenir de la plus douce espérance d'un père, celle de voir son nom un jour honoré dans l'ordre social. Qu'arrivera-t-il de ce parti désespéré? La génération nouvelle marchera avec la vigueur de son âge, accrue de celle de l'esprit public, dans la carrière des sciences utiles ou agréables, elle assistera aux doctes leçons des Cuvier, des de Gérando, des Gall, des Daunou, des Andrieux, des Villemain, des Tissot, des Say; tandis que, sortant d'un cloître, les héritiers de nos anciens preux, dans le sentiment inquiet de leur infériorité, n'auront d'autre rôle à prendre que celui de frondeurs ou d'oisifs.

Prenez garde que cet inconvénient grossit de jour en jour; jadis les nobles dirigeaient leurs enfans sur l'école militaire, sur Sorèze, Julies, ou la Flèche. Ces maisons gouvernées par de célèbres bénédictins, ou des professeurs de l'oratoire, n'étaient pas au-dessous de l'éducation publique de France. En dira-t-on autant de celles que régissent les Pères de la foi? Aujourd'hui, les gentilhommes ont pour eux des séminaires : on peut prédire que leurs tristes rejetons déchus, sans retour, du rang auquel les appelait l'état social, seront réduits aux Frères de la Doctrine chrétienne! C'est ainsi qu'une race entière menace de devenir inutile à soi-même; c'est ainsi que l'orgueil, en délire, creuse son propre tombeau, et qu'ayant à choisir entre les temps modernes où la société brille d'une grande puissance de vie, et les temps anciens où se prépara une dégénération, dont elle faillit être la victime, des pères insensés font un choix déplorable, et que d'autres Carthaginois, arrivés au vingtième siècle de notre ère, immolent encore leurs enfans au vieux Saturne.

Je finis ce chapitre, en remarquant que la fondation du régime olygarchique, amenée par une autre loi des élections, ne tournerait pas au profit de la noblesse de province. Celle de cour s'en composerait aussitôt un brillant apanage. Réduits à grossir la clientelle d'un grand seigneur, nos simples gentilhommes s'en vengeraient, chez eux, par de petites oppressions subalternes. Admis aux sous-lieutenances, aux lieutenances, aux places de capitaines et de majors, comme par le passé, ils verraient la faveur disposer de tout le reste. Ah! quand on a une patrie et des concitoyens avec lesquels on peut marcher de pair, est-il donc permis d'acheter, au prix de l'estime publique, le droit de ramper à la suite de ceux dont on est l'égal?

CHAPITRE VII ET DERNIER.

Des ressources que présente la situation présente.

Ceux qui gouvernent la France devraient bien songer qu'ils ont affaire à des hommes encore plus amoureux d'égalité que de liberté. Il n'y a pas là de quoi se plaindre; car, avec un esprit de justice et d'impartialité, dans un tel pays, l'administration est bien facile.

Quel est le vrai motif de la résistance du moment présent? La crainte de retomber entre les mains des hommes qui, s'ils n'ont à se reprocher de coupables intentions, ont au moins commis de grandes fautes. Il appartient à ceux qui en ont porté la peine, de ne pas souhaiter un déplacement du pouvoir. Voilà tout le secret des pétitions. C'est 1815 qui leur donne les signatures de 1820. Malheureusement elles seront nombreuses.

Je vois paraître plusieurs projets habilement écrits, habilement préparés, sur la loi des élections (1) : je ne les soumettrai pas ici à mon examen ; je me flatte même de n'être pas dans le cas de les discuter. Car, fussent-ils parfaits (ce que je suis loin de croire), leurs auteurs, à mon avis, s'abusent étrangement. La question qui s'agite aujourd'hui ne touche pas au mérite ou aux torts supposés de notre régime électoral. C'est seulement une position que l'on veut prendre ; c'est un champ de bataille que l'on a choisi. L'attention s'y porte, parce qu'on pré-

(1) Parmi ceux qui ont pris la plume, nous citerons, des premiers, M. de Flaugergues, quoiqu'à nos yeux son plan pèche par un défaut de nationalité. Ce n'est pas assez que de représenter des intérêts : il faut les rassembler sous un même lien. M. La Beaumèle (du moins nous croyons le reconnaître sous les lettres initiales de son titre) a publié 7 chapitres pleins d'esprit et d'une dialectique spécieuse, sur le même sujet. Il cherche sa force dans un sophisme qui est la représentation, par préférence, des intérêts en minorité. Il m'a fait l'honneur d'accorder quelques pages à la réfutation de mon premier écrit. Sa critique est accompagnée d'éloges flatteurs pour mes intentions et ce qu'il a la bonté d'appeler mon talent. J'accepte les premiers, et je tâcherai d'en mériter la continuation : je le remercie des autres, comme témoignage d'une bienveillance dont je sens le prix, ne fussent-ils qu'une formule d'usage.

sume qu'une plus grande affaire y sera décidée. Deux intérêts, les seuls maintenant possibles parmi nous, sont en présence : celui de la liberté publique et celui de l'olygarchie; celui de la révolution, qui a reçu une digue, et celui de la contre-révolution qui n'en aurait pas. Je suis certain que MM. les ministres ne s'attendaient pas à ce résultat de leurs efforts, quand ils ont voulu innover dans une loi, chère, non pas seulement par le bien qu'on en attend, mais comme garantie contre le passé. Si, d'ailleurs, l'édifice constitutionnel avait été affermi, si le Code organique, qui doit en assurer la durée contre toutes les chances présumables, avait été mis en vigueur, on eût accueilli moins rigoureusement des propositions qui, dans l'intention des fondateurs, ne tendaient qu'à créer une majorité purement ministérielle, chose qui, long-temps, sera repoussée par nos mœurs et nos habitudes; mais ce n'est pas en présence de l'ennemi, que l'on consent à laisser démolir les remparts d'une place de guerre, sous prétexte d'en rendre les fortifications meilleures. La brèche serait faite, et l'on serait tout surpris de n'être plus chez soi.

Que le gouvernement s'appuie sur le côté gauche qu'il semble redouter, et il verra que nous ne lui manquerons pas dans tout ce que voudra le service de la monarchie constitutionnelle! Aurait-il eu un budjet sans nous, l'année dernière! Au reste, il a des moyens puissans de reconquérir l'opinion que ses projets ont aliénée. Une ordonnance royale, en fait de corporations religieuses et d'instruction publique, ôterait des craintes aux amis de nos lois, et des prétextes à la malveillance;

www.ingramcontent.com/pod-product-compliance
Lightning Source LLC
LaVergne TN
LVHW021716230826
846091LV00006BA/2195
9782011785237